Als Einleitung:

DIE VEREHRUNG DES BLUTES CHRISTI

Warum „Blut" Christi?

Wer „Blut Christi" sagt, spricht von *Christus, der uns mit seinem Blut erlöst hat*. Man kann von Jesus Christus unter verschiedenen Gesichtspunkten sprechen. Die Verehrer des Blutes Christi unterstreichen besonders die Glaubenswahrheit, dass der menschgewordene Gottessohn uns nicht *„mit Silber oder Gold"*, sondern durch die sühnende Hingabe seines Lebens am Kreuz von der Erbsünde befreit hat (vgl. 1Petr 1,18-19).

Auf dem Hintergrund der alttestamentlichen Opfer-Theologie und der Blut-Rituale der Tempel-Liturgie wird deutlich, dass Jesus Christus sich im freiwilligen Opfer seines Blutes als der **Befreier** Israels und der Menschheit aus der Knechtschaft Satans und der Sünde erweist.[1] Sein Blut macht deutlich, wo der Neue und Ewige **Bund** zwischen Gott und den Menschen zu finden ist.[2] Darum ist das Blut Christi die

---

[1] Vgl. Ex 12 – Röm 5,9; 1Petr 1,19; Offb 5,9; Eph 1,7.
[2] Vgl. Ex 24,8 – Lk 22,20; 1Kor 10,16; Eph 2,13; Kol 1,20; Hebr 9.

wahre, bewusste und gewollte *Sühne* für die Sünden der Menschheit.[3]

Entsprechend dem Verständnis der Kulturen wohl aller Völker ist „Blut" gleichzeitig ein Symbol für das Leben, wie für den Tod; es spricht von Jugendfrische wie von Wunden. In der Werbung um Blutspenden zu medizinischen Zwecken kann man auf Plakaten lesen: „Blut ist Leben!". Gleichzeitig bedeutet Blutvergießen aber auch ein gewaltsames Sterben, ein Opfer.

Im Blute Christi sind Tod und Leben zu einer Einheit geworden. Denn das Blut Christi ist nicht nur ein Symbol des grausamen Kreuzestodes, der Niederlage, des Sühne-Opfers… – gleichzeitig und noch viel mehr ist es die Gegenwart des Ostersieges über den „Herrscher dieser Welt". Jesus zeigt seine verklärten Wunden, um das Wunder der Auferstehung deutlich zu machen. An der Osterkerze sind seine Wundmale zu herrlichen Siegeszeichen geworden!

Der Ausdruck *Blut Christi* ist also wie eine kompakte Kurzformel, in der es nicht um eine Aufteilung des Leibes Jesu geht: in diesem Kürzel wird bildhaft

---

[3] Vgl. Lev 1-7 – Mt 26,27b; Röm 3,25; Hebr 10,12; 12,24; 1Joh 1,7; Offb 1,5.

und gleichzeitig wirklich die gesamte Erlösungs-Theologie zusammengefasst, das gesamte Paschageheimnis seines Lebens, Sterbens und Auferstehens, also die gesamte Frohbotschaft (*Realsymbol*).

Wenn wir also nach dem Blute Jesu Ausschau halten, wenn wir diese Symbolsprache der Bibel betend und betrachtend in uns eindringen lassen, damit sie unser Leben präge und uns zu einer würdigen Antwort fähig mache, dann suchen wir nach nichts anderem, als nach dem Leben Gottes, also nach Gott selbst.

Leben aus der Liebe Gottes

„Gott liebt mich!" Das ist die großartigste Entdeckung, die ein Mensch machen kann. Gott ist nicht nur Schöpfer, sondern auch Vater aller Menschen, und seine Liebe trifft auch mich! *„Er liebt uns und hat uns von unseren Sünden erlöst durch sein Blut"* (Offb 1,5). Wer durch alle Dunkelheit und Verwirrung des Lebens hindurch dieses Licht erfährt, der beginnt ein neues Leben. *„Denn Gott hat die Welt so sehr geliebt, dass er seinen einzigen Sohn hingab, damit jeder, der an ihn glaubt, nicht zugrunde geht, sondern das ewige Leben hat"* (Joh 3,16).

24-Stunden-Gebet im Heiligtum Maria-Schnee

Wer geliebt ist, braucht nicht nach dem Sinn des Lebens zu suchen. Er weiß sich geborgen, bestätigt, anerkannt… er ist im Glück.

Die Erfahrung der Liebe Gottes ist nicht nur ein Neubeginn im Leben des einzelnen Menschen, sondern gleichzeitig auch das Fundament jeder christlichen Gemeinschaft. Wer sich von Gott angenommen weiß, vermag auch den Mitmenschen neu anzunehmen: *„Wenn wir aber im Licht leben, wie ER im Licht ist, dann haben wir Gemeinschaft miteinander, und das Blut seines Sohnes Jesus Christus reinigt uns von jeder Sünde"* (1Joh 1,7).

Das neue Leben ist als gegenseitige Liebe unter den Jüngern Christi das Kennzeichen des Reiches Gottes. Es drängt, sich mitzuteilen: *„Euch aber lasse der Herr wachsen und immer reicher werden in der Liebe zueinander und zu allen, wie auch wir sie zu euch haben"* (1Thess 3,12). Alle Bereiche der Arbeit oder Seelsorge sind eine Gelegenheit, die Liebe Gottes weiterzugeben, leben zu helfen. Auch die stille Anbetung der Geheimnisse Gottes ist Ausdruck der Liebe, die sich für die Welt verschenkt wie Christus.

„Das Blut Christi ist stärker!"

Diesen Satz sagt man sich gegenseitig (oder auch sich selber) vor allem dann, wenn es schwer wird: z.B. in Versuchungen, bei der Arbeit, im Ringen um die Freiheit von Abhängigkeiten oder Süchten... Dieses Leitwort klingt wie ein Schlachtruf, der Mut weckt und Vertrauen einflößt. Er erinnert uns daran, dass wir nicht aus eigener Kraft siegen müssen, sondern in der Gemeinschaft mit Christus erst wirklich stark sind. Es geht um ein *bewusstes Leben aus dem Geheimnis des Blutes Christi*, das zu vielen kleinen und größeren Siegen in der Erfahrung der Nähe und Hilfe Gottes befähigt.

Möge uns diese Novene helfen, die Kraft der Liebe Gottes zu erfahren, die im Blute Christi sichtbar geworden ist. Möge diese Liebe, die durch den Opfertod am Kreuz die ganze Welt durchdrungen hat, auch in unserem Leben jede Sünde besiegen, alles Dunkel erleuchten, den Schmerz mit Sinn und Kraft erfüllen, die Einsamkeit und Trennung im Innersten überwinden.

„Denn Gott hat die Welt so sehr geliebt, dass er seinen einzigen Sohn hingab."
(Joh 3,16)

Vorschlag für den Ablauf der Novenen-Andacht:

1. Lesung vom entsprechenden Tag
2. Stilles Nachdenken und Beten mit eigenen Worten
3. Vorgeschlagenes Gebet
4. Nennen des besonderen Anliegens
5. „Ewiger Vater" (siehe Rückseite des Büchleins)

1. Tag

DAS BLUT CHRISTI WAHRNEHMEN

1. Was ist zu tun, wenn man damit anfangen möchte, aus dem Geheimnis des Blutes Christi zu leben? Als erstes muss man das Blut Christi **wahrnehmen** – dort, wo es zu finden ist. Man kann dabei zunächst in die Geschichte zurückblicken. Es geht ja um das Blut des Gottessohnes, der zugleich Mensch war, der in Nazareth gelebt hat und dann in Jerusalem gekreuzigt wurde. Wenn man auf jenes *physische und historische* Blut schaut, dessen Spuren wir auch heute in glaubwürdigen Reliquien oder auf dem Grabtuch von Turin begegnen, sollte man aber nicht vergessen, dass wir dieses selbe Blut auch *in der Liturgie* antreffen. Geistiger Weise ist es in allen *Sakramenten* gegenwärtig, und am realsten und deutlichsten berührbar ist es im Kelch der Eucharistie.

Reliquiar des Blutes Christi, Aufhausen

Nach der Wandlung ist dort nicht mehr Wein gegenwärtig, sondern Blut – göttliches Blut, heiliges und kostbares Blut.

Aber das ist noch nicht alles. Durch den Glauben sehen wir das Blut Christi auch *in den Wunden der Menschheit*. Dort ist es weiter anzutreffen, denn Christus hat sein Blut am Kreuz für uns, für die Leidenden, die Verwundeten, die Verirrten hingegeben, und es „fließt" von seinem Kreuz weiter in die ganze Welt. Er hat mit seinem Blut alles Leid der Welt ausgefüllt, jede Sünde und Not, alles Unrecht, die Einsamkeit, den Zweifel, das Versagen... Hindurchgegangen durch die Passion und das Sterben des Gottes- und Menschensohnes ist dieses Blut zum Blut des Auferstandenen geworden, das jetzt *in mystischer Gegenwart* das gesamte Universum durchdringt.

Im Leid der Welt findet dieses Blut gleichsam einen Tabernakel, einen Punkt der Begegnung und der Anbetung. So können wir durch den Glauben tiefer auf jene schauen, die leiden, auf Menschen, die vom wahren Weg abgekommen sind und schlimme Dinge getan haben. Was schlecht ist, ist immer schlecht, aber auf geheimnisvolle Weise kann man in diesem schlechten auch das Blut Christi antreffen und es sogar anbeten. Auf diese Weise gewinnen wir einen anderen Zugang zum Leiden, zur seelischen Dunkelheit, zur Sündhaftigkeit.

Das also ist das erste: Um das Blut Christi wirklich zu verehren, wollen wir diese Quellen wahrnehmen und beachten:

– die physisch-historische,
– die liturgisch-sakramentale und
– die mystisch-universale Gegenwart
dieses Blutes.

2. Stille Betrachtung

Detail des „Scheyerer Kreuzes"
von J. G. Seidenbusch

Mutter und Königin
vom Kostbaren Blut

3. Gebet (S. 49 ff oder folgendes):

Herr Jesus Christus, wir danken dir dafür, dass du uns mit deinem kostbaren Blut erlösen wolltest. So hast du uns geoffenbart, wie sehr uns der himmlische Vater liebt. Durch deine Wunden hast du uns das Leben des Himmels geschenkt, im Heiligen Geist.

Wir danken dir für die vielfältige Gegenwart deines hochheiligen Blutes! In den Reliquien von Golgota können wir das Blut verehren, das du am Kreuz vergossen hast. Durch das Wort Gottes und durch die heiligen Sakramente kommt auf uns deine Erlösung zu. In den physischen und geistigen Wunden sehen wir deine mystische Gegenwart, die uns einlädt zu helfen, anzubeten und an deiner Mission teilzunehmen.

In der Kraft deines kostbaren Blutes möchten wir gemeinsam mit dir deine Mission zum Heil der Welt weiterführen. Nimm an unsere Gebete, unsere Anstrengungen und die Bereitschaft, zusammen mit dir auch das eigene Blut zu vergießen – für die Versöhnung der Welt mit Gott.

Maria, du Mutter und Königin vom Kostbaren Blut, sei immer unser Vorbild und unsere Hilfe. Amen.

4. In Gedanken tauchen wir unsere besonderen Anliegen ein in das heilige Blut… *(Jetzt nenne still deine besondere Bitte.)*

5. EWIGER VATER… *(siehe Rückseite)*

2. Tag

DAS BLUT CHRISTI
ACHTEN UND EHREN

1. Als Mose in der Wüste sich interessiert dem bren-
nenden Dornbusch näherte (vgl. Ex 3,1-6), wurde von
ihm als erstes gefordert, dass er die Schuhe von den
Füßen ziehe. Denn der Ort, wo er stand, war durch die
besondere Nähe Gottes geheiligt. Bevor Mose das
Wort und den Auftrag Jahwes vernehmen konnte,
musste er ein Zeichen der Ehrfurcht geben. Die Haltung der Ehrfurcht vor der Gegenwart Gottes im
Blute Christi muss die erste Antwort sein, nachdem
wir die verschiedenen Gegenwartsweisen im Glauben
erkannt haben.

Wie die hl. Schrift an verschiedenen Stellen ein-
prägt, ist die Gottesfurcht der erste Schritt, ja die Be-
dingung, um zu Weisheit und Einsicht zu gelangen.
Dieselbe Ehrfurcht ist es auch, die den Gebeten und
Feiern zu Ehren des Blutes Christi einen besonderen
Wert und echte Würde verleiht.

Nicht nur im Gebet und bei der Feier von Gottes-
diensten gilt es, innerlich Ehrfurcht zu pflegen und in
geeigneter Weise auch nach außen zu zeigen. In der

Begegnung mit dem Blute Christi, das im leidenden Mitmenschen, ja, auch im Sünder in besonderer Weise gegenwärtig ist, brauchen wir diese Grundhaltung. Auch diese Menschen sind als Erlöste immer noch gekennzeichnet vom Blute Christi. Diese Würde kann ihnen niemand nehmen oder zerstören, ja, sie selber können diesen Wert nicht einmal wegwerfen.

Das zeigt uns z.B. sehr deutlich eine Ansprache, die Papst Johannes Paul II. am 1. Juli 1980 in Brasilien gehalten hat. Er sagte dort zu den Insassen eines Staatsgefängnisses: *„In euch begegne ich erlösten Menschen, für die Christus sein Blut vergossen hat. Dieses Blut spricht zu euch von der unendlichen Liebe des Vaters und seines Sohnes Jesus Christus, von seiner Liebe für euch und für die gesamte Menschheit. Es ist für euch die Quelle einer Freude, die größer ist als die Welt sie geben kann, nämlich die Freude, lieben zu können und sich geliebt zu*

17

wissen. Dieses Blut gibt euch die Kraft von oben, die notwendig ist, um ein neues Leben zu beginnen".

Die Erlösung im Blute Christi ist also der tiefste Grund unserer Ehrfurcht vor jedem Mitmenschen – auch wenn er schuldig geworden ist.

2. Stille Betrachtung

3. Gebet (S. 49 ff oder folgendes):

Gott Vater, niemand hat dir so sehr die Ehre gegeben wie dein Sohn. Gipfelpunkt seiner liebenden Hingabe an dich ist der Opfertod am Kreuz. In diesem Opfer wird der äußerste Gehorsam zur Offenbarung der vollkommensten Liebe, die Erfahrung der tiefsten Einsamkeit und Verlassenheit zur Brücke der Einheit zwischen Himmel und Erde.

Herr Jesus Christus, am Kreuz bist du der große Stellvertreter, der für jeden Menschen Erlösung bewirkt. Dein sühnendes Blut strömt bis zur äußersten Not der Welt, zum niedrigsten Elend, hinab in die Verzweiflung, Krankheit und Sünde der Menschen. Dein Blut, Jesus, ist das Zeichen und die Gegenwart der rettenden Liebe Gottes, die in der Erlösung noch einmal neu ihr „Ja" sagt zur Schöpfung.

Heiliger Geist, wir wollen das Blut Christi vereh-ren, es gemeinsam mit Gott Vater lieben und uns zu-sammen mit Jesus für die Not der Welt verströmen. Hilf uns, dass wir – befreit durch das heilige Blut – so sehr mit Christus eins werden, dass wir auch an sei-nem Opfer zur Erlösung der ganzen Welt teilnehmen. Denn sein Blut zu verehren bedeutet, all das Elend zu-sammen mit Jesus Christus liebend anzunehmen. Hilf uns zu verstehen, was „Lieben" wirklich bedeutet: aushalten, warten, verlieren wie ER am Kreuz, keinen Erfolg haben, ohne Aner-kennung bleiben können, das Nichtwis-sen und die Einsamkeit ertragen und doch zusammen mit IHM die Verlas-senheit besiegen durch das vertrauens-volle: „Vater, in deine Hände übergebe ich mein Leben".

„Wären eure Sünden rot wie Scharlach, sie sollen weiß werden wie Schnee!"

(Jes 1,18)

19

4. In Gedanken tauchen wir unsere besonderen Anlie-gen ein in das heilige Blut… *(Jetzt nenne still deine besondere Bitte.)*

5. EWIGER VATER… *(siehe Rückseite)*

3. Tag

MIT DEM BLUTE CHRISTI SPRECHEN

1. Schon am Anfang der Bibel hören wir, wie Gott den Kain ruft: *„Wo ist dein Bruder Abel? Was hast du getan? (...) Das Blut deines Bruders Abel schreit zu mir vom Ackerboden"* (Ex 4,9-10). Blut kann also „sprechen", ja sogar „schreien"! Im Brief an die Hebräer heißt es dann auch, dass das Blut Christi *mächtiger ruft, als das Blut Abels* (Hebr 12,24), denn das Blut Abels hat um Rache geschrien, während das Blut Christi Vergebung verkündigt und schenkt. Darum sagen wir oft, dass dieses Blut, das nach Barmherzigkeit, nach Versöhnung, nach Rettung der Menschheit ruft, *stärker ist* als die Angriffe des Bösen.

Das Blut Jesu Christi ist also ein gewaltiges „Wort", das der Sohn Gottes am Kreuze hängend selber ausspricht. Er spricht dort zu uns durch seine offenen Wunden und durch das geöffnete Herz, indem er auch noch seinen „letzten Tropfen" hingibt.

Auf dieses „Wort" wollen wir antworten. Man kann doch Gott nicht ohne Antwort lassen! Wir wollen durch unser ganzes Leben eine würdige Antwort auf das Opfer Christi sein – mit Wort, mit Tat und Gebet. Das ist so wie bei Menschen, die sich wirklich lieben: Obwohl alles in ihrem Leben Dankbarkeit und Liebe zum Ausdruck bringt, ist es doch

gelegentlich gut, ja sogar notwendig, dass man davon auch spricht. Es genügt nicht, die Liebe nur mit Gesten zu zeigen, durch Arbeit, durch Geld, durch die Gegenwart… All das ist sehr notwendig, aber man muss es bisweilen auch in Worte fassen. Die andere Person sehnt sich danach, zu hören: „Ich liebe dich!". Der Herrgott will auch hören, dass wir die Botschaft des Blutes verstanden und uns zu Herzen genommen haben.

2. Stille Betrachtung

3. Gebet (S. 49 ff oder folgendes):

Jesus, dein Blut spricht zu uns, es ruft unser Herz – vom Kreuz her, vom Altar, vom Wort Gottes, aber auch aus den Wunden der Menschheit. Wir wollen diese Stimme deiner erbarmenden Liebe tiefer hören und lernen, mit deinem Blut zu sprechen – also mit dir selbst, der du uns mit deinem Blut erlöst hast. Lehre uns schweigen, hören, warten und vertrauen, damit wir fähig werden, dir auch unsere Antwort der Liebe zu geben. Möge dein Blut in uns ein mächtiges Wort sein, das an das Herz Gottes des Vaters rührt und den Himmel bewegt.

Unser Erlöser, hilf uns nicht zu vergessen, dass mit deinem Blut zu „sprechen" nicht nur das Zwiegespräch mit dir, dem Gekreuzigten, bedeutet – es geht gleichzeitig auch um die Antwort der Tat im Hinblick auf die Not jener, in denen du heute leidest.

4. In Gedanken tauchen wir unsere besonderen Anliegen ein in das heilige Blut… *(Jetzt nenne still deine besondere Bitte.)*

5. EWIGER VATER…
(siehe Rückseite)

4. Tag
DAS BLUT CHRISTI LIEBEN

1. Es genügt nicht, das Blut zu kennen und mit ihm sogar zu „sprechen". Man soll dann auch **sein Herz an ihm entzünden.** Es geht darum, dass man sich mit dem Herzen an Jesus bindet. Das bedeutet mehr als Diskutieren und Argumentieren über Glaubensfragen.

Wenn wir uns für jemanden interessieren, weil das nützlich sein kann, wenn wir nicht riskieren wollen, einen Menschen zu verlieren, weil sonst noch größere Probleme entstehen könnten – das alles ist noch keine wirkliche Liebe. Man muss mit dem Herzen an jemandem „hängen" – dann hält diese Liebe auch die größten Schwierigkeiten und Prüfungen aus. Denn da ist nicht mehr die Rede von Gerechtigkeit oder Angemessenheit…, wenn alle Grenzen der Belastbarkeit überschritten sind. Eine Mutter, die ihren Mann und die Kinder liebt, hält wirklich viel aus. Das aber nur, wenn sie mit dem Herzen an jenen hängt, die ihr anvertraut sind.

Das Blut Jesu Christi zu lieben bedeutet mehr, als nur dieses Blut wahrzunehmen. Mit dem Herzen am Blute Christi zu hängen, an dem Blut, das damals auf Golgota vergossen wurde, und ebenso an dem Blut, das in den Wunden, die ich jetzt erfahre, gegenwärtig ist – das bedeutet, das Blut Christi wirklich zu lieben.

Wir können um eine solche Liebe beten, um das „Feuer", damit diese Liebe heiß ist und nicht nur lau. Diese Liebe soll auflodern und ihre Echtheit beweisen, indem wir vor allem **unserem Geliebten Herrn gefallen wollen**. Wenn ich jemanden liebe und ihn noch tiefer lieben will, dann überlege ich immer wieder, wie ich ihm gefallen kann. Wenn jemand darum betet, Jesus gefallen zu können, dann ist er auf der richtigen Spur. Ich will lieben – ich will geliebt werden – die wahre Liebe verbindet eines mit dem anderen.

2. Stille Betrachtung

3. Gebet (S. 49 ff oder folgendes):

Maria, als dein Sohn starb, bist du unter dem Kreuz gestanden – wie auch jene, die Jesus mit dem Herzen besonders nahe waren. Die anderen sind aus menschlicher Angst weggelaufen. Auf Golgota konnten nur jene aushalten, die wirklich geliebt haben, denn wahre Liebe besiegt jede Angst. Mit dir, Mutter, wollen wir uns dem Kreuz nähern und Jesus das schenken, was für uns das Kostbarste ist, was ganz von uns kommt: Wir wollen dem Gekreuzigten unser Herz schenken.

Maria, du weißt, wie sehr Jesus dankbar ist für jede Geste des Mitgefühls, der Linderung, der Hilfe und Liebe. Hilf uns, die Feinfühligkeit zu bewahren gegenüber jedem Kreuz, gegenüber allen Wunden und jedem Tropfen des kostbaren Blutes Jesu. Lass uns seine Wunden wahrnehmen, sie versorgen und uns liebevoll mit ihm vereinigen.

4. In Gedanken tauchen wir unsere besonderen Anliegen ein in das heilige Blut… *(Jetzt nenne still deine besondere Bitte.)*

5. EWIGER VATER… *(siehe Rückseite)*

5. Tag

DAS BLUT CHRISTI
AUFFANGEN UND AUFOPFERN

1. Wir nennen Maria besonders gerne auch die „Mutter und Königin vom Kostbaren Blut", denn wir sehen sie nicht nur mit dem Jesuskind auf den Armen, sondern ganz wesentlich auch unter dem Kreuz. Sie steht dort wie ein offener Kelch, der gleichsam das Blut des Erlösers auffängt, um es durch das immer neue „Ja" zum Willen Gottes „aufzuopfern". So kommt die Anteilnahme der Mutter Jesu am Erlösungs-Opfer Christi zum Ausdruck.

Schon bei der Taufe wurden wir alle zum gemeinsamen Priestertum berufen. Wir sind eingeladen, auch unseren persönlichen Beitrag zur Erlösung der Menschheit zu geben. Das geschieht nicht nur durch die echte Anteilnahme an der Eucharistiefeier, sondern auch immer dann, wenn wir in der Haltung echter Demut jeden neuen Willen Gottes annehmen und so den Kelch unseres Herzens mit dem Blut Christi anfüllen lassen.

Wer sein Herz wie und mit Maria ganz für den Willen Gottes öffnet, baut eine Brücke zwischen Himmel und Erde und wird in Christus zu einem Mittler von Gnaden. Wenn auch in verschiedener Abstufung, so kann doch jeder durch die Annahme des Willens und der Zulassungen Gottes am Erlösungs-Werk Christi teilnehmen, also in gewissem Sinne „Miterlöser" sein…

2. Stille Betrachtung

3. Gebet (S. 49 ff oder folgendes):

So wie Maria und zusammen mit ihr will ich jeden Tropfen des Blutes Jesu Christi wahrnehmen, der in den Wunden der Menschheit auch heute weiterströmt. Im Kelch meines Herzens will ich die am Kreuz vergossene Liebe auffangen und zum Heil der Seelen sühnend aufopfern. Möge das Blut des Gottessohnes auch mich rein machen wie Schnee, so dass ich immer fähiger werde, Gott in der ganzen Schöpfung zu lieben und viele Menschen zur Freundschaft mit ihm hinzuführen.

Mutter der Barmherzigkeit, Trösterin der Betrüb-ten und Königin vom Kostbaren Blut, stehe mir bei, und lass mich die Macht deiner Demut erfahren.

4. In Gedanken tauchen wir unsere besonderen Anlie-gen ein in das heilige Blut… *(Jetzt nenne still deine besondere Bitte.)*

5. EWIGER VATER… *(siehe Rückseite)*

6. Tag

DAS BLUT CHRISTI ANBETEN

1. Echte Anbetung beginnt mit der Demut, die zunächst ein Ausdruck der Wahrhaftigkeit ist. Wenn wir im Glauben unser eigenes „Nichts" vor Gott erkennen, wenn wir in Gott das „Alles" sehen, und wenn wir uns in dieser Niedrigkeit vor Gott annehmen, dann beginnt unsere Anbetung. Das bedeutet einen Prozess der Reinigung, der unsere Seele frei macht vom eigenen Ich. In der Anbetung des Blutes Christi lassen wir uns vor allem dadurch reinigen, dass wir unsere Schwächen und Sünden, anstatt sie zu leugnen oder zu verdrängen, im „Strom der Barmherzigkeit" versenken.

Wir können Gott erst dann wirklich anbeten, wenn wir – und soweit wir – seine Liebe empfangen haben. In der Anbetung antworten wir auf Gottes Liebe, indem wir uns voll zurückschenken. Es ist die Ganzhingabe, in der wir uns ohne jede Bedingung Gott zur Verfügung stellen: „Herr, tu mit mir, was du willst. Ich bin dein Eigentum. Ich mache dir keine Vorschriften. Mein Vertrauen auf deine Weisheit soll größer sein als die Grenzen meiner Einsicht. Du bist Liebe, Herr, lass mich in dir und mit dir Liebe sein!"

2. Stille Betrachtung

3. Gebet (S. 49 ff oder folgendes):

Vater im Himmel, wir möchten das Blut deines Sohnes anbeten, das am Kreuz vergossen wurde. Zusammen mit dem Blut seiner Wunden wollen wir dir auch unser eigenes Blut und Leben hingeben. Wir verherrlichen deine Liebe, deine Größe, deine Güte. Wir danken dafür, dass du uns geschaffen hast und uns leitest, auch wenn wir nicht immer die Wege deiner Vorsehung verstehen. Wir bekennen uns zu unserer Schwäche, unseren Fehlern und unseren Begrenzungen. Wir danken dir, Vater, dass wir durch unsere Nichtigkeit, wenn sie in das rettende Blut Christi eingetaucht wird, in dein Herz gelangen können, um so deine Größe zu entdecken.

Heiliger Geist, erfülle uns mit Ehrfurcht vor Gott, der überall gegenwärtig ist, in allen und in allem. Lass uns seine Gegenwart nicht nur in der Kirche wahrnehmen, im Allerheiligsten Sakrament, sondern auch in der Natur, wo es schönes und hässliches Wetter gibt. Lass uns Gott, die Welt und uns selber als eine Gabe annehmen, damit wir eine Gabe werden können, damit wir durch diese Hingabe „wir selber" werden und innere Freiheit erlangen. Wir wollen leben, beten, arbeiten und miteinander reden in der Hingabe an Gott. So möchten wir ein Trost sein für

IHN und in unseren eigenen Herzen einen mit Liebe erfüllten Raum schaffen, in dem er sich gerne aufhält und „ausruhen" kann.

Jesus, wir beten dein heiliges Blut an, denn in ihm haben wir den teuersten Schatz unseres Lebens erkannt: Die Befreiung von der Sünde, die Einheit mit Gott, mit den Menschen, Rettung und Hoffnung. Wir beten dein kostbares Blut an und bitten, dass es für uns das Ein-und-Alles werde, die Quelle unserer Hoffnung, unserer Freude, unseres Lebens.

4. In Gedanken tauchen wir unsere besonderen Anliegen ein in das heilige Blut… *(Jetzt nenne still deine besondere Bitte.)*

5. EWIGER VATER… *(siehe Rückseite)*

7. Tag
DAS BLUT CHRISTI SEIN

1. Die Anbetung des Blutes Christi öffnet das Tor zu einer noch stärkeren Vereinigung mit der am Kreuz vergossenen Liebe Gottes. Wenn unsere Gesinnung zur Gesinnung Christi wird und unser Blut zum Blute Christi, dann heiligt unser Leben die Welt. Die Wandlung, die wir in der Eucharistie auf dem Altar feiern, wird nach und nach alle Bereiche unseres Wirkens erfassen und verändern.

Weil wir den unendlichen Wert des Blutes Christi erkannt, weil wir diesen Schatz geliebt und angebetet haben, werden wir selber immer mehr am Blute Christi Anteil nehmen, bis wir eins geworden sind mit dem Strom des Erbarmens, der die Welt vergöttlicht.

Ein Bild dafür sind die symbolischen Tropfen Wasser, die bei der Gabenbereitung der Eucharistiefeier in den Kelch gegossen werden. Sie gehen unter im Wein – und bleiben doch Wasser! In dieser Weise können auch wir „Blut Christi" werden, nämlich durch Anteilnahme. Das bedeutet eine gewisse „Vergöttlichung" des Menschen, der aber doch Mensch bleibt – von Gottes Geist durchglüht. Es geht also nicht um eine pantheistische Gleichmacherei mit Gott. Der Mensch, die gesamte Schöpfung, ist niemals gleich zu setzen mit Gott. Aber durch das Wort Gottes und durch die Eucharistie können wir so sehr vergöttlicht werden, dass unser Blut mit dem Blute Christi eins ist.

Welche praktischen Konsequenzen hat eine solche Einheit? Das Blut erfüllt im Leib einen Dienst, der gleichzeitig verborgen und sichtbar ist. Es tut ständig seine „Arbeit" – hält sich aber immer im Hintergrund. Wenn der Leib verletzt wird, ist das Blut sofort zur Stelle. Es reinigt die Wunden und bildet eine erste Schutzdecke. Dabei ist das Blut immer in Bewegung. Ohne diese Dynamik sterben die einzelnen Glieder ab. Darum übt das Blut auch ganz wesentlich einen Dienst an der Einheit des Leibes aus.

Auf unser Leben übertragen, bedeutet das „*Blut-Christi-Sein*" einen verborgenen Dienst am Leben der Kirche: Der gesamte Leib Christi mit all seinen Gliedern muss von der Liebe Gottes durchblutet werden.

So erhält dieser Leib neue Kraft, Nahrung und Sauerstoff: Er kann wachsen, Krankheiten abwehren, ausheilen und Wunden schließen…

2. Stille Betrachtung

3. Gebet (S. 49 ff oder folgendes):

Heiliger Geist, durch die volle Anteilnahme am Erlöserblute können wir gleichsam zum Blut Christi „werden" – wie ein Stück Eisen, in die Glut gelegt, gleichsam zu Feuer „wird", und wie der Wassertropfen im Kelch zu Wein „wird". Mache uns durch dein Wort mit dir „verwandt" und lass das göttliche Blut auch durch unsere Adern strömen.

Wie das Blut im Leib die einzelnen Glieder zusammenhält, Nahrung, Wärme und Heilmittel trägt und verteilt, ähnlich möchten auch wir im Mystischen Leib Christi, in der Kirche dienen, wenn wir durch die Einheit mit dem gekreuzigten Herrn selber zum Blut Christi geworden „sind".

4. In Gedanken tauchen wir unsere besonderen Anliegen ein in das heilige Blut… *(Jetzt nenne still deine besondere Bitte.)*

5. EWIGER VATER… *(siehe Rückseite)*

8. Tag

SICH DEM BLUTE CHRISTI WEIHEN

1. Wer sich im Blute Christi gereinigt und geschützt hat, wer sich selber, zusammen mit dem gekreuzigten Christus, dem Vater im Himmel dargebracht hat, verlangt nach Beständigkeit und ist bereit zur Treue.

Schon bei der Taufe treten wir in den Bund mit Gott ein. Dieses Sakrament gliedert uns in den Leib Christi ein. Wir werden vom Leben Gottes und vom Blute des auferstandenen Christus durchdrungen wie ein eingepfropfter Zweig vom Saft des Baumes. Wir sind durch die Taufe ein lebendiges Glied der Kirche. Durch Gebet und Leben aus dem Glauben soll diese Anfangsgnade sich entfalten – wie eine Pflanze, die

Einkehrtage in Aufhausen

aus dem Samenkorn heranwächst. Die Sakramente der Kirche, die ja alle auf dem Taufsakrament aufbauen und dieses entfalten, helfen in diesem Prozess der Reifung mit.

Auch die verschiedenen Schulen des geistlichen Lebens, Ordensgemeinschaften, kirchliche Bruderschaften, geistliche Bewegungen... stehen im Dienst des Bundes mit Gott. Liebe verlangt nach Dauerhaftigkeit, nach Treue, nach Hingabe. Darum führt die liebende Verehrung des Blutes Christi zu einer freiwilligen Bindung. Ob nun gemeinschaftlich oder individuell, feierlich oder verborgen – die Weihe an das Blut Christi ist wie eine Krönung jener Spiritualität, die sich besonders an der *am Kreuz vergossenen Liebe* orientiert. Durch die Weihe an das Blut Christi wird dieses bewusst zum Leitmotiv erwählt, zur Quelle und Kraft auf dem Pilgerweg des Glaubens.

Jesus möchte unser wahrer Bruder sein durch „Blutsverwandtschaft". Er hat den Bund mit uns schon mit seinem Blut „unterschrieben". Aber unsere Unterschrift steht noch aus!

Geistigerweise können wir unsere Verwandtschaft mit ihm tagtäglich hervorheben. Unser Herz wird durch so viele Ereignisse immer wieder verletzt, ja manchmal sogar durchbohrt. Das sind Gelegenheiten, das eigene Blut gleichsam zu vergießen, den Bund auch mit unserem Blut zu unterschreiben! Darum geht es: dass wir nicht nur *etwas* geben, „Silber oder Gold", Steuern oder eine caritative Spende während der hl. Messe. Jesus möchte mehr: Er möchte das, was uns am wertvollsten ist.

Logo der Geistlichen Familie vom Heiligen Blut

Auch bei dem Empfang des Leibes und des Blutes Jesu Christi können wir bewusst den Bund mit ihm unterschreiben. In dem Moment, in dem wir den sakramentalen Tropfen aus den Wunden Jesu auf der Zunge spüren, können wir alle Verletzungen unseres Lebens abgeben, alle „Blutstropfen", die irgendwann vergossen worden sind: unsere Angst, unsere Nervosität, unsere Sehnsucht, alles, was uns in der Einsamkeit weh tut... Wir können das alles zu diesem Blutstropfen dazugeben und mit dem Blute Christi, in Liebe aufopfern.

Das bedeutet, den Bund von neuem zu „unterschreiben", die Verwandtschaft mit Jesus zu vertiefen, zu seiner Familie zu gehören und sein eigenes Blut zu geben, zusammen mit ihm, für die Rettung der Welt.

In besonders sichtbarer Weise unterschreiben und vollenden die Märtyrer den Bund mit Gott, in dem sie nicht nur geistigerweise ihr Blut aufopfern, sondern auch physisch.

2. Stille Betrachtung

3. Gebet (S. 49 ff oder folgendes):

Herr Jesus Christus, heute möchten wir dir besonders dafür danken, dass wir in deinem heiligen Blut den Schlüssel finden durften, der uns den Sinn des Lebens, des Leidens und des Sterbens erschließt: Weil du aus Liebe Mensch geworden bist, gelitten hast und am Kreuze starbst, können auch wir durch unser Leben, Leiden und Sterben Gott dem Vater und allen Mitmenschen echte Liebe schenken.

Darum weihen wir uns heute (von neuem) deinem kostbaren Blut. Wir erneuern das Gelöbnis der Taufe und wollen bewusster, froher und bereiter Glieder deines Leibes in der Kirche sein. Unser Leben soll helfen, das zu ergänzen, was noch aussteht an der Erlösung und Heimholung der Welt. Unsere Zeit sei deine Zeit, unsere Freude sei das, was dich froh macht, unser Leid nehme teil an deiner erlösenden Liebe! Mit dir wollen wir unser Blut und Leben geben – zur Rettung der Menschheit.

Lass uns mit Eifer und Hingabe das Geheimnis deiner Liebe verehren. Mache uns zu Aposteln deines heiligen und kostbaren Blutes. Möge unser ganzes Leben eine Verherrlichung des himmlischen Vaters sein und den Menschen auf dem Weg zur Seligkeit helfen. Maria, Mutter vom Kostbaren Blut, bitte für uns!

4. In Gedanken tauchen wir unsere besonderen Anliegen ein in das heilige Blut… *(Jetzt nenne still deine besondere Bitte.)*

5. EWIGER VATER… *(siehe Rückseite)*

Barmherzigkeitskreuz
im Nerianer-Garten in Aufhausen

DAS BLUT CHRISTI –
„STROM DER BARMHERZIGKEIT"

1. Im Blut seines menschgewordenen Sohnes hat Gott-Vater sein unendliches Erbarmen gezeigt. Das Blut des Erlösers, der sein Leben als Sühne-Opfer zum Heil der Menschen hingegeben hat, ist wohl das stärkste Symbol des Erbarmens Gottes, der seine Sonne aufgehen lässt über Gute und Böse, über Gerechte und Ungerechte (vgl. Mt 5,43-48).

Wer aus dem Geheimnis des Blutes Christi lebt, wer seine Freunde, wie auch seine Feinde und ebenso sich selbst immer wieder in diesen Strom der Barmherzigkeit „eintaucht", der vermag es, an der Barmherzigkeit Gottes teilzunehmen.

In der Litanei vom Kostbaren Blut wird nicht nur beschrieben, was das Blut Christi schon bisher in der Heilsgeschichte gewirkt hat. Dieselbe Litanei zählt ebenso das auf, was das Blut Christi auch heute noch bewirkt. Wenn wir mit dem Blute Christi eins-geworden sind, werden all diese Früchte auch in unserer Umgebung sichtbar werden.

Unsere Gegenwart wird ein „Strom der Barmherzigkeit" sein, ein „Sieg über die bösen Geister",

„Starkmut der Märtyrer" und „Kraft der Bekenner"... Wo Menschen aus der Einheit mit dem Blute Christi leben, wird es Berufungen gottgeweihter Jungfräulichkeit geben, Wankelmütige werden Halt finden, Leidende und Weinende werden Trost erfahren, Menschen, die Buße tun, schöpfen neue Hoffnung, Sterbende finden Halt, die Verstorbenen im Fegfeuer werden befreit, und alle Herzen empfangen Freude und Frieden.

Groß und kostbar sind die Früchte, die Christus durch sein Blut auch heute wachsen und reifen lassen will. Die Menschheit hungert nach ihnen, auch wenn sie weithin diesen Hunger mit ungenügender oder ungesunder Nahrung zu stillen sucht. Christus hat sein Blut für das Leben der Welt gegeben. Auf dem Altar und in den Sakramenten steht es bereit für jene, die schon zum Glauben gefunden haben. Zu den anderen soll es durch uns gelangen – vereint mit unserem eigenen Blut.

Sie haben ihre Gewänder gewaschen
und im Blut des Lammes weiß gemacht.

(Offb 7,14)

Heiligtum Maria-Schnee

TEILHABE AM BLUTE CHRISTI

Sühne

Wir stehen mit Maria
unter dem Kreuz
und nehmen teil
am Werk des Erlösers –
Wir „bezahlen"
was noch aussteht
an den Schulden Adams,
seiner Kinder und Kindeskinder...

Trost

Wir betrachten mit Maria
die blutenden Wunden
und leiden mit Jesus,
der Gekreuzigten Liebe –
Wir trösten
die Quelle allen Trostes
und trocknen mit Veronika
die Tränen des Allmächtigen...

Hingabe

Wir lieben mit Maria
die Ewige Liebe
und leiden mit dem VATER
am Blut des SOHNES –
Wir ersehnen
die Heimkehr
aller Söhne und Töchter
zur Quelle des Erbarmens...

2. Stille Betrachtung

3. Gebet (S. 49 ff oder folgendes):

Vater im Himmel, du bist die Quelle des Erbarmens. Aus den Wunden Jesu, unseres Herrn und Erlösers, strömt uns deine Liebe entgegen, die uns das wahre Leben schenkt. Wir wollen lernen, deinem Erbarmen zu vertrauen, um selber zu Quellen des Erbarmens für die Welt zu werden. Denn Jesus hat gesagt: „Seid barmherzig, wie euer Vater im Himmel barmherzig ist" (Lk 6,36).

Wir bitten dich, Vater im Himmel, der du alle deine Kinder liebst, heile alle unsere bekannten und unbekannten Wunden. Lass uns mit deinem Vaterherzen auf alle Menschen schauen – besonders auf die schwierigen. Schenke uns deinen Geist, den Geist des Erbarmens, der Geduld und Versöhnungsbereitschaft, der Achtung und Ehrfurcht vor jedem Mitmenschen und jedem Geschöpf Gottes.

Wir möchten nicht nur mit Worten, sondern mit unserem ganzen Leben und auch durch unser Sterben die „Quelle der Barmherzigkeit" lobpreisen, damit möglichst viele Menschen das wahre Glück und die ewige Herrlichkeit erlangen können. Amen.

4. In Gedanken tauchen wir unsere besonderen Anliegen ein in das heilige Blut… *(Jetzt nenne still deine besondere Bitte.)*

5. EWIGER VATER… *(siehe Rückseite)*

Das Heilige Antlitz von Manoppello

GEBETE ZUM BLUTE CHRISTI

LITANEI VOM KOSTBAREN BLUT

V./A. Herr, erbarme dich. Christus, erbarme dich.
          Herr, erbarme dich.

V./A. Christus, höre uns. Christus, erhöre uns.

V. Gott Vater im Himmel,
         A. erbarme dich unser.

V. Gott Sohn, Erlöser der Welt,
         A. erbarme dich unser.

V. Gott, Heiliger Geist,
         A. erbarme dich unser.

V. Heiliger dreifaltiger Gott,
         A. erbarme dich unser.

Blut Christi, des Eingeborenen des ewigen Vaters,
         rette uns!
Blut Christi, des menschgewordenen Wortes Gottes –
Blut Christi, des Neuen und Ewigen Bundes –
Blut Christi, in der Todesangst zur Erde geronnen –
Blut Christi, bei der Geißelung vergossen –
Blut Christi, bei der Dornenkrönung verströmt –
Blut Christi, am Kreuze ausgegossen –
Blut Christi, Kaufpreis unseres Heiles –
Blut Christi, einzige Vergebung der Sünden –

Blut Christi, im Altarsakrament Trank und
Reinigung der Seelen –
Blut Christi, Strom der Barmherzigkeit –
Blut Christi, Besieger aller bösen Geister –
Blut Christi, Starkmut der Märtyrer –
Blut Christi, Kraft der Bekenner –
Blut Christi, Lebensquell der Jungfrauen –
Blut Christi, Stütze der Gefährdeten –
Blut Christi, Linderung der Leidenden –
Blut Christi, Trost der Weinenden –
Blut Christi, Hoffnung der Büßenden –
Blut Christi, Zuflucht der Sterbenden –
Blut Christi, Friede und Wonne aller Herzen –
Blut Christi, Unterpfand des ewigen Lebens –
Blut Christi, Erlösung aus den Tiefen des
Reinigungsortes –
Blut Christi, aller Herrlichkeit und Ehre überaus
würdig –

V. Lamm Gottes, du nimmst hinweg die Sünde
der Welt, **A.** Herr, verschone uns.
Herr, erhöre uns.
Herr, erbarme dich.

V. Du hast uns erlöst, o Herr, in deinem Blut
A. und uns zu deinem Gottesreich gemacht!

V. *(Lasset uns beten:)*

Allmächtiger, ewiger Gott, du hast deinen Sohn zum Erlöser der Welt bestellt. Durch sein Blut hast du uns Versöhnung geschenkt. Lass uns den Lösepreis unseres Heiles in dankbarer Liebe verehren. Beschirme uns durch seine Kraft vor allem Bösen und führe uns in dein himmlisches Reich.

A. Amen.

DIE SIEBEN AUFOPFERUNGEN DES KOSTBAREN BLUTES

1. Ewiger Vater, wir opfern dir auf das Kostbare Blut Jesu Christi, das am Kreuz vergossen, dir täglich auf dem Altare dargebracht wird:

– zur Verherrlichung deines Heiligen Namens, für das Kommen deines Reiches und das Heil aller Menschen. *(kurze Stille)*

   V. Ehre sei dem Vater... **A.** wie im Anfang...

   V. Lob und Dank sei Jesu allezeit

   A. der uns mit seinem Blute hat befreit.

2. Ewiger Vater, wir opfern dir auf das Kostbare Blut Jesu Christi, das am Kreuz vergossen, dir täglich auf dem Altare dargebracht wird:

– für die Ausbreitung der Kirche, für unseren Heiligen Vater, die Bischöfe, Priester und Ordensleute und zur Heiligung aller, die an dich glauben.
(kurze Stille – Ehre sei..., Lob und Dank...)

3. Ewiger Vater, wir opfern dir auf das Kostbare Blut Jesu Christi, das am Kreuz vergossen, dir täglich auf dem Altare dargebracht wird:
– für die Bekehrung der Sünder, für die demütige Annahme seines Wortes und für die Einheit aller Christen. *(kurze Stille...)*

4. Ewiger Vater, wir opfern dir auf das Kostbare Blut Jesu Christi, das am Kreuz vergossen, dir täglich auf dem Altare dargebracht wird:
– für die Regierungen, für die öffentliche Sittlichkeit und für Frieden und Gerechtigkeit unter allen Völkern. *(kurze Stille...)*

5. Ewiger Vater, wir opfern dir auf das Kostbare Blut Jesu Christi, das am Kreuz vergossen, dir täglich auf dem Altare dargebracht wird:
– zur Heiligung der Arbeit und des Leidens, für die Armen, Kranken und Bedrängten und all jene, die auf unser Gebet vertrauen. *(kurze Stille...)*

6. Ewiger Vater, wir opfern dir auf das Kostbare Blut Jesu Christi, das am Kreuz vergossen, dir täglich auf dem Altare dargebracht wird:

– für alle unsere geistlichen und zeitlichen Anliegen, für unsere Angehörigen, für unsere Freunde und Wohltäter und auch für unsere Feinde. *(kurze Stille...)*

7. Ewiger Vater, wir opfern dir auf das Kostbare Blut Jesu Christi, das am Kreuz vergossen, dir täglich auf dem Altare dargebracht wird:

– für alle, die heute sterben, für die Seelen im Reinigungsort, damit sie alle mit Christus in seiner Herrlichkeit ewig vereint werden. *(kurze Stille...)*

DANKGEBET ZUM KOSTBAREN BLUT

Herr, du hast zehn Aussätzige geheilt. Davon kehrte nur einer zu dir zurück, um dir zu danken. „Wo sind die übrigen neun?", hast du im Schmerz über den Undank der Geheilten gesprochen. Auch wir lassen es an Dank fehlen. Wir nehmen die Wohltaten deines Kostbaren Blutes so selbstverständlich an, als würdest du sie uns schulden. Dafür bitten wir um Vergebung und wir bitten dich – nimm dieses Gebet an als Ausdruck unseres Dankes und unseres guten Willens.

Ich danke dir für das Blut, das du bei der Beschneidung im Gehorsam gegen das Gesetz vergossen hast.

Dieser Gehorsam war die Sühne für unseren Mangel an Bereitschaft, den Willen Gottes anzunehmen.

Ich danke dir für das Blut, das du am Ölberg vergossen hast. Zwölf Legionen Engel hast du nicht gewollt, sondern nach dem Leidenskelch gegriffen. Dein Leidenskelch ist mir Kelch des ewigen Heiles geworden.

Ich danke dir für das Blut, das du bei der Geißelung vergossen hast. Du wolltest keine Schonung, du hast mich geschont. Durch deine Striemen bin ich geheilt.

Ich danke dir für das Blut, das du bei der Dornenkrönung vergossen hast. Du warst der wahre König, aber du hast die Dornenkrone gewählt, damit wir an deinem Königtum teilnehmen können.

Ich danke dir für das Blut, das du auf dem Kreuzweg vergossen hast. Auf deinem Kreuzweg hast du mich heimgeholt von meinen Irrwegen der Schuld.

Ich danke dir für das Blut, das du bei der Kreuzigung vergossen hast. An dir war keine Sünde, aber du hast dich zur „Sünde" gemacht, damit wir das ewige Leben empfangen.

Ich danke dir für das Blut, das du bei der Öffnung deiner Seite vergossen hast. Arm bist du zu uns gekommen und verblutend von uns gegangen, wir aber sind reich geworden durch deine Liebe. Amen.

rmherzigkeitskreuz
Frühling

SIEGESLITANEI
VOM BLUT JESU CHRISTI

Ich preise die Wunden und das Blut des Lammes,
  das heilt die Gebrechen meines Leibes.

Ich preise die Wunden und das Blut des Lammes,
  das heilt die Gebrechen meiner Seele.

Ich preise die Wunden und das Blut des Lammes,
  das heilt die Gebrechen meines Geistes.

Anbetung dem Lamm Gottes,
  das sein Blut für uns vergossen hat unter Qualen.

In seinem Blut ist vergebende Macht,
in seinem Blut ist reinigende Macht,
in seinem Blut ist lösende Macht,
in seinem Blut ist befreiende Macht,
in seinem Blut ist sieghafte Kraft,
in seinem Blut ist erneuernde Macht,
in seinem Blut ist bewahrende Macht.

Dem, der der Kraft des Blutes Jesu glaubt,
  ist nichts unmöglich.

Ich preise das Blut des Lammes,
  das mich reinwäscht von allen meinen Sünden,
  so dass ich schneeweiß werde.

Ich preise das Blut des Lammes,
in dem Kraft ist, mich von allen meinen
Gebundenheiten und Sündenketten zu lösen.

Ich preise das Blut des Lammes,
das stärker ist als mein eigenes Blut
und mich gleichgestaltet dem Bilde Gottes.

Ich preise das Blut des Lammes,
in dem Sieg ist über alle Mächte,
die mich bedrücken wollen,
über jede Feindesmacht.

Ich preise das Blut des Lammes,
das mich bewahrt vor den listigen
Anläufen des Feindes.

Ich preise das Blut des Lammes,
das mir das hochzeitliche Kleid bereitet.

Ich preise das Blut des Lammes,
das alles, alles neu macht.

Halleluja! Amen.

M. Basilea Schlink

57

LIEDER ZUM BLUTE CHRISTI

QUELLE DER LIEBE

1. Die Lan - ze öff - net Got - tes Herz, es
2. Der Kelch der De - mut sam - melt ein die
3. In je - der Wun - de die - ser Welt strömt
4. Wer liebt, ver - steht der Lie - be Last und

strömt her-vor Er - bar-men, die Gna - de, das Er-
Lieb' am Kreuz ver - gos - sen, da - mit der heil'-ge
Je - su Blut und Le - ben, wir dür - fen un - ser
wächst an al - lem Lei - den, ge - rei - nigt rei - nigt

lös - ungs - Blut, die Hoff-nung al - ler
Gna - den - strom, ver - ge - blich nicht ge -
Her - zens - Blut mit IHM zum Op - fer
er die Welt, be - siegt den Tod mit

"Ar - men." Im Her-zen Je - su steigt zu uns die
flos - sen.
ge - ben.
Freu - den!

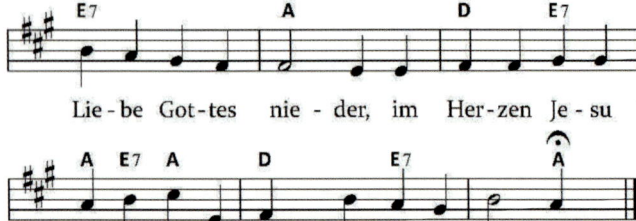

E7 A D E7
Lie - be Got - tes nie - der, im Her - zen Je - su
A E7 A D E7 A
fin - den wir die Freund - schaft Got - tes wie - der.

T. u. M.: W. Wermter

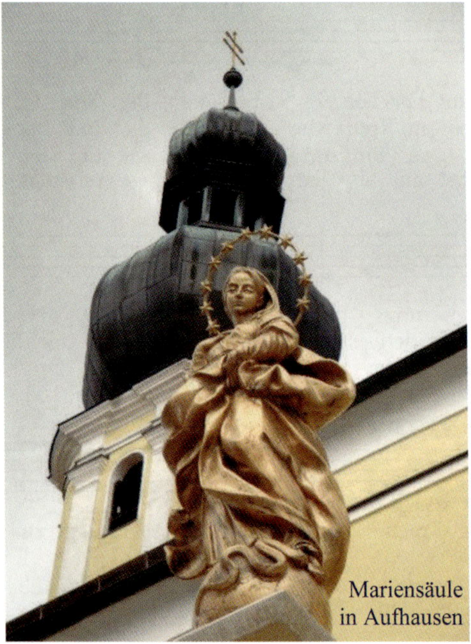

Mariensäule
in Aufhausen

DU MUTTER DER BARMHERZIGKEIT

1. Du Mut - ter der Barm - her - zig - keit siehst
2. Ma - ri - a, Trost der gan - zen Welt hörst
3. Du Quel - le des Er - lö - sungs - bluts, du

un - ser Ach und Weh, du nimmst auf dich der
dei - ner Kin - der Not, du lei - dest und du
Kelch auf Gol - go - ta, du rei - nigst uns - rer

Men - schen Leid, Ma - ri - a, du zum
weinst mit uns. reichst uns das Him - mels
Wun - den Schmutz, heilst sie und bleibst uns

Schnee. Dein Herz Ma - ri - a ist das Tor zum
Brot!
nah.

gött - li - chen Er - bar - men, zur Rein - heit, De - mut

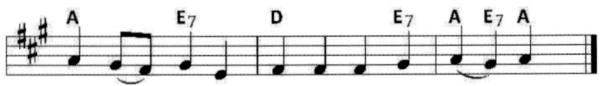

A E7 D E7 A E7 A
und Ge - duld, zum Glück in dei - nen Ar - men.

T. u. M.: W. Wermter

SINGET ALLE PREIS DEM LAMME

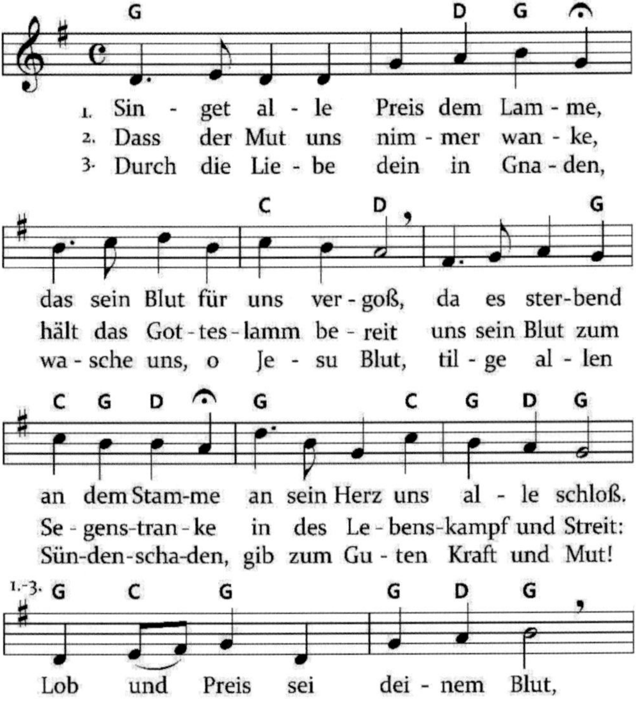
G D G
1. Sin - get al - le Preis dem Lam - me,
2. Dass der Mut uns nim - mer wan - ke,
3. Durch die Lie - be dein in Gna - den,
C D G
das sein Blut für uns ver - goß, da es ster-bend
hält das Got - tes - lamm be - reit uns sein Blut zum
wa - sche uns, o Je - su Blut, til - ge al - len
C G D G C G D G
an dem Stam-me an sein Herz uns al - le schloß.
Se - gens-tran - ke in des Le - bens-kampf und Streit:
Sün-den-scha-den, gib zum Gu - ten Kraft und Mut!
1.-3. G C G G D G
Lob und Preis sei dei - nem Blut,

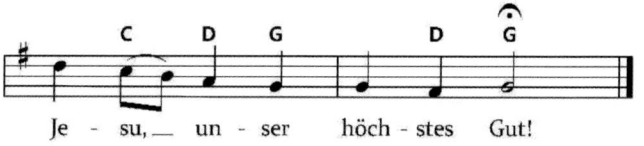

Je - su,— un - ser höch - stes Gut!

T. u. M: Justin August Henkel CPPS

NUN SINGET DANKESLIEDER

1. Nun sin - get Dan - kes - lie - der zu
2. Lasst uns für al - le Sün - der sein
3. Wie kön - nen wir es eh - ren in

Je - su Lob und Ruhm, laßt—
Blut zur Süh - ne— weih'n; o—
Chris - ti Sinn und Geist? Wenn

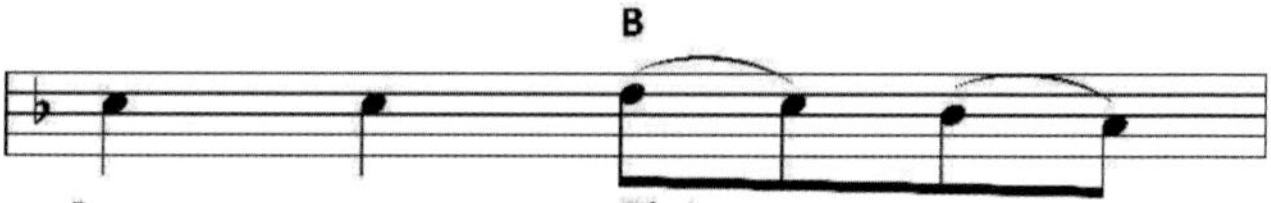

Je - su Blut— uns—
mög' es doch— für—
wir die Pfa - de—

T. u. M.: Justin August Henkel CPPS

O MEIN HEILAND

1. O mein Hei - land, wel - che
2. Dei - nen letz - ten Tro - pfen
3. Wel - ches Men - schen - herz ver -
4. Uns - re Schuld hast du ge -

Pein hast am Kreu - ze du er -
Blut seh' ich auf die Er - de
mag, sol - che Lie - be zu er -
tilgt, al - len steht der Him - mel

dul - det, für uns Sün - der tratst du
rin - nen, Hei - land, es ge - schah für
mes - sen, dei - nes bitt - ren Lei - dens
of - fen. Dass er un - ser An - teil

ein, lit - test das, was wir ver - schul - det.
uns, uns den Him - mel zu ge - win - nen.
Qual, wer ver - mag, es zu ver - ges - sen.
sei, lass uns glau - ben, lie - ben, hof - fen.

CHRISTUS HAT GEGEBEN

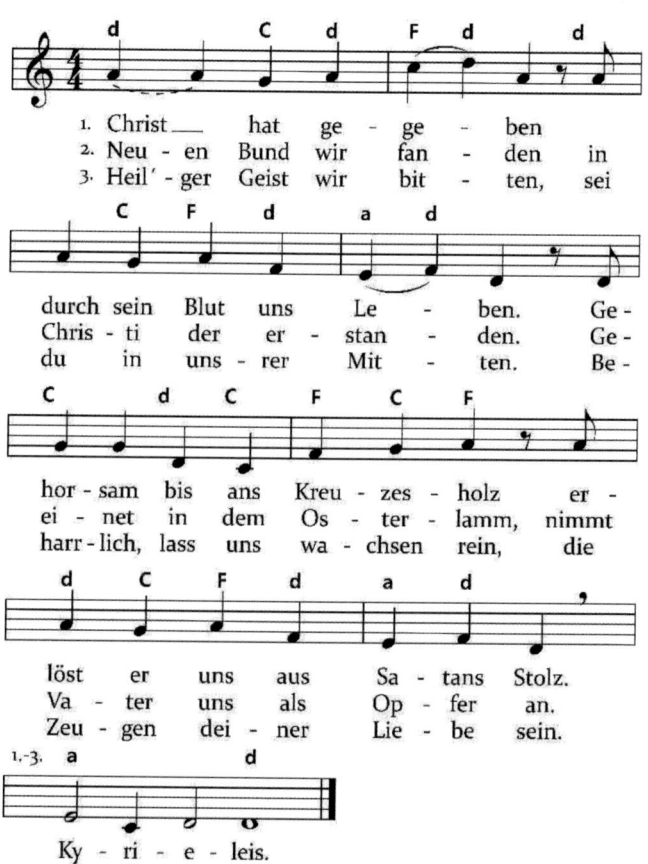

1. Christ hat ge-ge-ben durch sein Blut uns Le-ben. Ge-hor-sam bis ans Kreu-zes-holz er-löst er uns aus Sa-tans Stolz.
2. Neu-en Bund wir fan-den in Chris-ti der er-stan-den. Ge-ei-net in dem Os-ter-lamm, nimmt Va-ter uns als Op-fer an.
3. Heil'-ger Geist wir bit-ten, sei du in uns-rer Mit-ten. Be-harr-lich, lass uns wa-chsen rein, die Zeu-gen dei-ner Lie-be sein.

1.-3. Ky-ri-e-leis.

T.: W. Wermter C.O.; M.: GL 318

Zur Vertiefung des Themas des Blutes Christi sind vom selben Autor in unserem Verlag folgende Veröffentlichungen erhältlich:

– *Teilhabe am Blute Christi. Eine Spiritualität für Mutige;*
ISBN 978-3-942142-09-0

– *Rette uns! Gebete zu Ehren des Heiligen Blutes;*
ISBN 978-3-942142-17-5

– *Die Rettung der Menschheit durch das Erlösungs-Blut;*
ISBN 978-3-942142-45-8

– *Den Kelch des Heiles will ich erheben. Über das Blut Christi im Leben des Christen;* ISBN 978-3-938564-13-4

– *Kleiner Weg zur Heiligkeit gekennzeichnet durch das Blut Christi;* ISBN 978-3-942142-20-5

– *Eucharistie-Kompetenz. Wort und Wandlung auf dem Altar und im Herzen;* ISBN 978-3-942142-48-9

– *Heilung durch das Blut Christi;* ISBN 978-3-938564-02-4

– *Die Geistliche Familie vom Heiligen Blut. Eine kleine Einführung auf ihren Glaubensweg;* ISBN 978-3-942142-42-7

– *Innere Heilung. Unterwegs zur christlichen Reife;*
ISBN 978-3-942142-25-0

– *Gekannt – Geliebt – Erwartet. Leben aus dem Glauben;*
ISBN 978-3-938564-24-0